FSC
www.fsc.org
MIX
Papir fra
ansvarlige kilder
Paper from
responsible sources
FSC® C105338

Forlag: Books on Demand – København, Danmark
Fremstilling: Books on Demand – Norderstedt, Tyskland
Bogen er fremstillet efter on-Demand-proces

ISBN 978-87-4300-128-7

Forord

Kære læser

Jeg er 34 år og er ordblind, men jeg lader mig ikke
hæmme af dette.
Godt nok fik jeg meget tit, at vide i skolen, at jeg ikke
skulle tro jeg kunne blive til noget for jeg var bare dum og
doven.
Det er først efter jeg er blevet voksen, at man har fundet
ud af, at jeg altså er ordblind.

Trods min svære skolegang kan jeg med stolthed sige at
jeg har taget flere uddannelser og enkelte fag på høj
niveau, bl.a social og sundhedshjælperen,
Handelsskolens grunduddannelse, enkelt fag i Dansk,
matematik og billedkunst.
Alle med rimelige gode karakter.

Jeg er af den opfattelse, at selvom man er ordblind og
har det svært bogligt, kan man sagtens det man vil, også
at være forfatter, trods dette lille handicap.
Det gælder blot om at tage det lidt ad gangen, ikke lade
sig gå på af modgang og så have en god skefuld
tålmodighed!

De sidste 6 år har jeg haft diagnosen paranoid skizofreni
og angst.
Jeg har en del udfordringer i hverdagen, bl.a. Høre jeg
dagligt flere stemmer, som er lidt ligesom

sportskommentator, de vil kommenter på alt og særligt i
negative vendinger.
Jeg ser ofte skygger, som jeg er overbevist om kommer
for, at tage mig og vil mig det ondt.
Og så har jeg tit, "en tornado" af ord og handlinger der
fare rundt i det lille hoved.
Det er af og til så svært, at rumme og så angstfyldt at det
kræver indlæggelse.

Det er et værre rod, at have i sit indre.
Et rod som jeg det sidste års tid har fundet ud af, at jeg
kan håndterer nogenlunde ved, at være kreativ.
Ud over at jeg hækler meget, skrive jeg blandt andet
også det ned, som hober sig op i hovedet. Det bliver der
nogle korte tekster og digte ud af.
I denne bog har jeg nu samlet nogle af de positive digte,
fra de lyse perioder der er ind imellem.
Perioder hvor stemmerne opføre sig ordentlig og sågar
kan kommenterer mit liv, i korte men positive vendinger.
Det er sjælden men de er der.

Jeg vil til slut gerne takke hele min familie, venner og
forfatter kollegaer, for evig støtte og opbakning. Og tak til
det personale der hjælper mig i psykiatrien.

God fornøjelse

Sort sind
Lukker lyset ind

Sort sind
Lukker lyset ind
Jeg ved det er at finde
Dybt i mit inderste inde

Positiv produkt
De gode tanker bar frugt
Gid de længe må blive
Og holde sjælen i live

Sidder i lange rør
Fare afsted med lokofører
Alle sidder tæt
Jeg bliver ganske træt
Mens togets stille svajer
Det er min stille sejr
Jeg denne tur kan klare
Uden angst jeg siger det bare

To sjæle
En ide
Hvad de skabte
Kan alle se

To sjæle glad
Gi'r andre mad
Et forum vokser
For når livet kokser
Er de her at finde

To sjæle
En hånd
Her knyttes venskabsbånd
På tværs af Danmarks kortet

To sjæle sammen
De med kærligheden kæmper
Hjælper alle op
Når livet vælter
Vi kan dem stole på

To sjæle
I elskovs bånd
Giver hinanden ja
Og går nu hånd i hånd

Morgenstund
Tager min medicin
Uden for står solen fin

Morgenstund
Møder katten glad
Nu skal han ha morgenmad

Morgenstund
Sidder med min te
Mens jeg ud af vinduet se

Morgenstund
Lytter til musik
Endnu en dejlig dag vi fik

Ude er det gråt og vådt
Men inden i er humøret godt
Selvom de i nakken mig ånder
Ser jeg smilende frem til sol og sommer

Der kan jeg ude sidde
Skønt jeg nok her må svede
Lyset ind i sindet vandre
Og hygge sig med hver andre

Jeg skriver blot ord for ord
Hvad der i sindet gror
Samlet i en lille blok
Indtil der er mere end nok

Jeg samler tekst blad for blad
Her vises både ked og glad
Bliver til kvad om inden i
Om livet med skizofreni

Går nu op ad stien min
Til linen så spinkel og fin
Her skal jeg balancen holde
Og selvom hænderne er kolde
Kigger jeg op i lyset så fin

Går på linen spinkel og fin
Under mig er nettet min
Her min venner mig griber
Når livet på sjælen sliber
Jeg kan dem stole på

Her skal jeg holde balancen
Tør jeg tage chancen
Nej er bange for at falde
Jeg på familien kalde
De giver mig en hånd

Hænderne er klamme og kolde
Jeg tungen lige i munden holde
Mens jeg tager skridt for skridt
Jeg ryster på hænderne lidt
Thi nu jeg glæden vil finde

Kigger op i lyset så fin
Den indre ro bliver min
Efter mange sorte dage
Skal jeg ikke gå og klage
Jeg ved hvor hjælpen jeg kan finde

Solen titter frem bag sky
Energien fylder mig på ny
Humøret med lyset stiger
Jeg vil gerne bede om mere

I lyset kan jeg mørket styre
Og trods de grå sommerbyger
Kan jeg smilet finde
Også i mit inderste inde

September sød
Æbler så rød
Fyldt med saft
Giver sjælen kraft

September sød
Blomsters stille død
Går i dvale
Mens mørket stille dale

Tik tak
Tiden går

Tik tak
Hjertet slår

Bag det er tanker mange
Dagene kan føles lange

Når tankerne de slippes fri
En dejlig glæde inden i

Er også i sjælen at finde

Engle stråler fra himlen falder
Det dybt ind i sjælen kalder
På alt det gode inden i
I dejligt humør man naturligt bli'r

Solen titter frem bag sky
Energien fylder mig på ny
De sorte tanker i skygger forsvinder
Giver plads til gode minder

Stille stille
Ligger i min seng
Et øjebliks ro i det urolige sind
Stirre stirre
Ud i mørket sort
Alt i verden er kæmpe stort
Suk suk
Vejrtrækningen blide
En stille snorken fra manden ved min side

En kat
En god kammerat
Er der
Er ikke sart
Ligger ved din side
Om du er glad
Om du er i sort
Hjælper med
At jage skyggerne bort

En kat
En ven for livet
Forventer ikke stort
Dog der bliver givet
Mad og vand
Det er klart
Din opmærksomhed
Er dagens gode start
Hjælper dig
Med at finde ro
Hjemme i det lille bo

Alle er vi brødre
Alle er vi søstre
I angstens greb
Dette mig trøster

Alle er vi sårbar
Alle har vi en skal
Alting vi favner
Om det livet gjalt

Et øjebliks stilhed
I den overarbejdende hjerne
stemmernes vild råben
Jeg går her gerne

Den skønne brise
Gennem håret suser
Sidder i klitterne
Høre havet bruser

En håndfuld sand
Stille gennem fingerne glider
En skøn plet i et land
Hvor vinden blidt i kinderne bider

Bølgen smukt slår
Over stenenes stille leje
Mens jeg langs stranden går
Æder vandet af klitten den stejle

Den stride vind
giver krusning på sø
Kom her ud
Gi det et besøg
Her man roen finder
Foråret over kulden vinde

Mørket falder på
Angsten indeni mig gro
Jeg skynder mig at gå
Hjem til mit trygge bo

Angsten må jeg leve med
indeni må jeg skabe fred
Det er dog sværere end man tror
Nå skizofrenien i sjælen bor

Flere Skygger jeg ser
omkring mig de rumsterer
Jeg efter lyset higer
Jo mørkere det bliver

Tusinde tanker
I køen står
Nogle er gode
Mens andre slår

Thi hvornår
Bliver der ro
En positiv tanke
Ja Måske to

Lukker op
Lader det ind
For lyset finde
I mit syge sind

Under sommersolens himmelvæld
Viser Vesterhavet tænder frem
Her sidder jeg i vindblæste klitter
Og digter mens marehalmen knitre

Himlen den er klar og blå
Jeg sidder og kigge ud derpå
Solen stråler rammer min kind
Tænder lys i mit sorte sind
Smilet langsomt tilbage vender
Glæden jeg igen let finder

Solen skinner
Glæden vinder
Går en tur
Får røde kinder
Kulden stadig er at finde
Det vare dog ej meget længe
Før vi igen i haven sidder

Når tre stemmer giver den gas
Bliver hjernen en legeplads
Hvor alle tanker slippes fri
Det er min fantasi

Når tre stemmer grove være
En dårlig stemning bliver der
Så er solen svær at finde
Når glæden er lukket inde

Når tre stemmer roen finder
Er det lillepigen der vinder
Hun bliver let positiv
Hun giver mig et lettere liv"

Sidder med dig
I stearinlysets skær
Stor kærlighed
Til den som er mig nær

Sidder med dig
Holder i hånd
Stor kærlighed
Vi knytter sammen bånd

Sidder med dig
Snakken går
Stor kærlighed
Har holdt i mange år

Sidder med dig
Hjerterne slår
Stor kærlighed
Vi hjemad sammen går

Regn og rusk
I hver en krog
Sidder lunt
Læser en bog

På taget jeg høre
Tromme slag
Sidder med min te
Det er regnvejrsdag

Solstråle rammer min kind
Lukker det i sjælen ind
Spreder mørket indeni
En dejlig ro der bli'

Solstråle i træernes grene
De gyldne farver så rene
Giver varme i det grå
Elsker når himlen er blå

Blæsten fare
Over blålilla hav
Græsset stritter
I søen står en skarv

Fuglene flokkes
Drager væk
Mod varme lande
Holder hvil ved en bæk

Træerne står
I varme farver
Naturens død
Giver mad til larver

Mørkets komme
Om vinteren den spå
Jeg med families hjælp
Ved det nok skal gå

Blå
Ud at gå
Rød
Du er så sød
Grøn
Livet er skøn
Gul
Vi elsker jul
Grå
Vi nyder de små
Sort
Når livet er lort

Alle elsker vi farver
Vi med det livet favner

Jeg ligger så rastløs vågen
Høre pulsen slå
Ak kun i søvnens stille dyb
Jeg i mit hoved ro kan få

Der er jeg aktiv i drømme
Her alt det gode ske
Flyver afsted på drømmens vinger
Jeg hele verdenen se

Nede i et musehul
Sidder musen sort som kul
Venter på det nat vil bli'
Før den i køkkenet går i
Her den en snack kan finde
Kigger rundt er katten mon inde
Drøner afsted i hullet ind
Med osten på sit maveskin

Går på skrøbelig line så fin
Spare på min medicin
Livet på bunden er ej sød
Spare også på mit kød
Grønt det er en saga blot
Selvom det skulle være så godt
I tøjet vi med lapper gå
Thi vi kan ej enkeltydelse få
Børnene ingen gaver får
En trist jul igen i år
Man kan dog trøst på nettet finde
Blandt De mange næsthjælper engle

Ville ønske du var her
Ville ønske du var nær
Ville ønske jeg trappen kunne finde
Trappen til den syvende himmel

Ville ønske jeg kunne dig se
Ville ønske vi sammen kunne le
Ville ønske vi sammen kunne græde
Som regnen der planter væde

Ville ønske du var med
Ville ønske dig i min lejelighed
Ville ønske et kæmpe kram
Som før du i himlen kom

Man svinger og svejser
Med hænderne drejer
Et produkt trylles frem
Og er man fingernem
Giver det ro i det lille hjem

Ro det skaber
Stemmerne taber
Mange det glæder
Kan laves alle steder
Selv de små kan kigge med

Alle kan lære
Vi sammen være
Alt kan vi skabe
Når vi nålen i hånden have
Tiden af før og nu

Vil du med lille du?

Tusind ord i hovedet danser
Giver mig ikke ro
Har ingen grænser

Skriver det ned
Ord for ord
En lyrisk tekst i sindet gror

Ved at skrive
Bli'r jeg fri
Fri fra ordenes tyranni

Ordene som popcorn popper
Danser rundt
Som lus og lopper

Tror aldrig helt det stopper
Men bruger det positiv
Thi det letter liv

Efterår
Skoven i gyldne farver står
Vinden hist
Trækker blade af hver en Kvist
Kulden slår
Den ind til marven når
Sidder inde
Drømmer om middelhavsvinde
Naturens død
Venter på foråret så sød

Lys giver liv
Lys får det til at gro
Lyset må gerne i mit indre bo

I lyset findes glæde
Som når foråret det spæde
Får alt til at leve på ny

I vinteren vi lysene tænder
Hvor man end sig vender
Stråler den lille sol

I flammen jeg ser
Lysets varme og glæde
Det kan mig hjælpe

når min sjæl den græde.

Ør i hovedet
Hvad tænker du på
Selvom verden er af lave
Skal det nok gå
Ør i hovedet
Endnu en tanke
Hober sig op i flok
Kan gøre mig så bange
Ør i hovedet
Skriger på ro
Bare et minut
Måske to

Barneleg
Et frit sind
Suger nyt ind
Op at stå
Vi lære at gå
Bevæger os i en verden
Er åben i færden
Alt nyt er spændende
Jeg ønsker nu brændende
At jeg var lille og fri
Fri for tanketyranni

Vi højtiden ser
Håber det sner

Ser lyset brænde
Sender de kære en tanke

Suser byen rundt
Finder gaven i sidste sekund

Vi skønne kager bager
Håber de af julen smager

Slæber træet ind
Tænder lys i hvert barnesind

Nye håb bliver til
Når nytåret ind vi træde vil

Nu er julen her
Nu er alle tilstede
Nu er det det sker
Nu er vi fyldt med glæde

Kom og syng en sang
Kom og være mere sammen
Kom og knytte bånd
Kom og være med i larmen

Syng nu med engang
Syng nu så rummet klinger
Syng nu julen ind
Syng nu med frosne kinder

I vintermørke
I stjerne skær
Kan jeg mærke
Du er nær

Du os forlod
Du var vor kære
Ville ønske
Du var her

Du lærte os
Du kæmpede trods
Må vi lære
Til din ære

Livet at prise
Livet at bære
Holde hovedet højt
Og gode være

I stjernernes rige
Er tankerne frie
De fare afsted
Man kan ikke følge med
Grib en tanketråd
Se den rummer råd
Om livets stunder
Hvor hjertet summer
Livets gåde
I jorden såede
Må vi løbende lære
Livet at bære
Før stjernerne igen på os kalder

Det sorte sind
Er svundet ind
Giver plads
Til glæde og smil på kind
Der er dog stadig
Sorte dage
Hvor angstens stemmer
Vender tilbage
Men det sorte
Kryber i ly
Når solen titter
Frem på ny

Vinden tuder
Bølgerne slår
River i klitternes sande
Marehalms hår
Danserens rytmik
Mens stormen ses
Med et enkelt blik
Ingen spørgsmålstegn
Bliver her givet
Var det blot
Så enkelt
Når psyken driller livet

Står ensomt
På lyngklædte volde
Sandet fyger
I vinden den kolde
Skønt man står så ene
Er der her læ at finde

Når kulden går i marven ind
Røre den det sted i mit sind
Hvor stemmerne de bor
Her de altid følger med
Fra døde tanker
Til kærlighed
Jeg er aldrig alene

De gode dage
Vender altid tilbage
Så selvom livet kan være lort
De sorte dage sort
Selvom man er lukket inde
Kan man altid en sprække finde
Hvor lyset trænger ind
I selv det sorteste sind

Mørke vinter dage
Gør mit hoved tung
Jeg længes efter vår
Hvor naturen atter er ung
Jeg glæder mig til de lange dage
Hvor mørket svinder
Hvor lyset er tilbage

De spæde små
De står på spring
Mørket langsomt svinder ind
Med lysets større magt
Her har selv sindet smagt
Hvad vårens styrke har bragt

Blandt livets torne roser gror
Det er og bli'r vise ord
Den gør sig smuk i en blomstermark
Men tornene kan skrabe
selv den stærke bark

Sommernatten falder på
Trods Skyerne bliver mere grå
Høres fuglenes aftensang
Mens jeg sidder her endnu engang
Stirre tomt ud i ingen ting
Ærlig talt jeg fatter ikke en pind

Verden farer afsted
Alle prøver at følge med
Prøv at stoppe
Se en ny verden poppe
Stirre ud i ingen ting
Og se om DU fatter den

Mørke mørke
Mørke i mit sind
Håber på lyset finder ind
Kvæler dæmonerne
Der som skygger rumsterer
Prøver at holde ud
Hvad kan jeg mere

Lys lys
Lyset rykker ind
Fylder mørket i mit sind
Kvæler dem ikke
De stadig i skyggen sig gemmer
Et øjebliks fred
Men dem jeg ej glemmer

Lysene i stager står
Flammen op mod loftet når
Et gylden skær den spreder
Den mit hjerte glæder

Tankerne de flyver når
Lyset til det indre går
Den kan det sorte sprede
Og bringe meget glæde

Skibet stævner i stormen ud
Vipper i hvert bølgebrud
Skummer lystigt for i tænderne skarpe
På dækket lander en vildfaren krabbe
Den hurtig ly i tovet finder
Mens skipper med røde kinder
Jager det lille kræ
Til suppen de skal ha`
Hurtigt krabben ser sit snit
Et nap i bagen og videre hist
Med næste bølge
der over rælingen slår
Den videre i livet går

Ud og ind gennem masken fin
Glider gennem hånden min
Skabe værker med pinde små
Dukke snart tøjet få
Børnene leger med smil på kind
Glæden når i hjertet ind
Når man ser dem lege glad
Selv når dukke er i bad
Bliver man lykkelig indeni
Når man skabelsen fra pinden kan gi'

Morgenstund
Stilhed
Høre intet andet
End min elskedes åndedræt
Smiler glad
ved mig selv
Ingen stemmer mig plager
Mens kroppen hviler tungt
Nyder jeg hvert sekundet

Lyt til dit indre
Det gør ikke glæden mindre
Selv indeni er verden stor
Hos mig
Her kreativiteten bor
se miraklet ske
Jeg lod den slippe fri
Og skaberværket du kan se